KB073511

단순함의 즐거움
_마음정리 노트

단순함의 즐거움
THE JOY OF LESS JOURNAL

마음 정리 노트

프랜신 제이 지음 | 신예경 옮김

21세기북스

집안을 정리하면 근사한 일이 벌어진다. 한마디로, 물건을 집밖으로 하나씩 내보낼 때마다 공간이 조금씩 넓어진다. 우리가 물건을 계속 처분해 갈수록, 공간은 시원하게 탁 트이고 바람이 통하는 느낌을 자아내며 집안을 평화롭고 무한한 가능성이 있는 장소로 되살려놓는다.

하지만 그보다 훨씬 특별한 것이 있다. 그저 집안의 공간을 확장시키는 것으로 끝나지 않는다는 말이다. 미니멀리즘의 정신을 한 단계 발전시켜 실천한다면 우리의 정신과 마음, 영혼 속에도 그 멋진 공간을 만들어낼 수 있다. 집안에 널린 잡다한 물건들을 말끔히 치우듯이 우리의 마음과 의식, 정서를 어지럽히는 잡동사니도 깨끗이 정리해 스스로 이전과 다른 가볍고 고요한 존재로 변모하는 것이다.

　이미 《단순함의 즐거움—쉽게 시작하는 미니멀리스트 가이드》에서 우리는 개수가 지나치게 많거나 더 이상 쓸모없어진 물건들을 깨끗이 정리할 수 있는 10가지 단계인 '스트림라인 기법'을 배웠다. 이 방법을 잘 활용하여 물건을 바라보는 관점을 변화시킨다면, 우리는 가슴을 무겁게 짓누르는 잡다한 물건의 부담에서 벗어날 수 있다.

　하지만 남아도는 양말을 깨끗이 치워버리는 것처럼 우리의 걱정과 스트레스도 정말 말끔히 털어낼 수 있을까? 결론부터 말하자면, 분명 가능하다. 우리의 내면을 철저히 감시하는 문지기가 되고, 우리 앞에 놓인 온갖 감정이나 기대, 약속에 너무 매달릴 필요가 없다는 것을 깨닫기만 하면 된다. 집 안의 버릴 물건을 골라낼 때처럼 신중하고 합리적으로 따져야 한다. 이러한 감정이나 약속, 기대가 우리 삶의 가치를 높이는지 손상시키는지 생각해보면 된다.

솔직히 시인하자면, 가구를 살피는 것보다 감정을 들여다보는 일은 조금 더 까다롭다. 그러나 그 힘든 일에, 당신이 읽고 있는 이 책이 꽤 유용할 것이다. 글쓰기는 우리가 정신적 잡동사니를 한데 쏟아내어 세밀히 조명한 뒤에 무엇을 간직하고 무엇을 처분할지 최종적으로 결정하는 데 도움이 된다. 물건을 점검했듯이 우리의 생각과 감정도 똑같이 심문할 것이다. 이 생각 혹은 감정은 어떤 것일까? 내 마음 속에 어떻게 들어왔을까? 내 인생에 자리할 가치가 있을까? 이와 같은 과정을 거친 뒤 그 생각이나 감정을 내려놓을지 말지를 결정한다.

《단순함의 즐거움–마음정리 노트》를 한 장씩 넘기면서 우리는 스트레스를 줄이는 여러 방법을 곰곰이 생각하려 한다. 여러 의무와 책임, 기대가 몇 달 아니 몇 년을 지나며 차곡차곡 쌓이지만 우리는 좀처럼 시간을 할애해 이런 마음을 깨끗이 정리하지 못한다(그렇게 할 시간이 아예 없다). 그러다 보면 상대적으로 별 의미 없는 일이 그보다 의미 있는 일을 한 켠으로 밀어내고, 결국 우리는 지치고 불만스러워진다. 게다가 한없이 분주한 생활로 인해 정신은 피폐해지며, 좌절감과 무력감을 느낀 채 일상의 무게에 짓눌려 비틀거리게 된다. 여기에 글을 써가며, 우리는 과도한 스트레스 요인과 그로 인한 압박감을 확인하고 이를 제거하기 위해 치열하게 노력할 것이다. 그러는 동안 우리는 다시금 저마다의 생활을 자율적으로 통제하게 되어 낮에는 한결 보람차게, 밤에는 한층 평온하게 지낼 수 있다.

그리고 글쓰기를 통해 걱정을 훌훌 털어낼 것이다(글쓰기가 얼마나 강한 힘이 있는지, 인생에 얼마나 큰 영향을 미치는지 깨닫는다면 당신은 깜짝 놀랄 것이다). 물건을 보이지 않는 곳에 치워두듯, 부정적인 감정들을 꽁꽁 숨겨두면 우리는 마음의 무게에 짓눌려 즐거움을 잃어버린다. 하지만 이제 그런 시절은 얼마 남지 않았다. 부정적인 감정을 하나씩 끄집어내서 그 본질을 파악한 뒤에 저 멀리 보내버리릴 테니까. 우리의 마음을 말끔히 정리하고 나면 해묵은 원한이나 끊임없이 맴도는 죄책감, 깊이 묻어둔 분노는 더 이상 숨을 곳을 찾지 못한다. 글쓰기는 우리가 감정에 초연하고 객관적인 태도를 유지하며 불필요한 감정에 작별을 고하는 데 도움을 준다.

마지막으로, 정신적 잡동사니를 말끔히 털어버리면 명료함을 되찾는다. 우리가 미니멀리스트의 여정을 걸어가면서 추구하는 궁극적인 목표는 여분의 감정들을 제거해 나에게 진정 특별한 것에 집중하는 것이다. 우리는 흙탕물을 맑게 가라앉히고 찌꺼기를 걸러낸 뒤 티 없이 맑고 반짝거리는 심연에서 무엇이 떠오르는지 볼 수 있도록 다양한 기법들을 탐구할 것이다. 무엇이 우리의 영혼을 살찌우고 목적의식을 길러주는지 깊이 생각해보고(열광하는 일을 하든 지역사회에 기여하든 자녀와 더 많은 시간을 보내든 관계없다) 거기에 시간과 관심, 역량을 쏟아부을 것이다. 우리가 컵을 비우는 목적은 그 안에 희망과 꿈, 기쁨을 언제든지 채워 넣을 수 있도록 준비하기 위해서다.

　　이제 한결 가볍고 고요한 삶으로 나아갈 길을 열어줄 때가 되었다. 지금부터 들려줄 52가지 메시지는(매주 혹은 각자에게 맞는 속도로 이 메시지들을 해결하면 된다) 미니멀리스트의 여정을 걸어가는 당신을 격려하고 도와줄 것이다. 부정적인 감정을 내려놓는 일이 처음에는 어렵게만 느껴지겠지만 조금씩 연습하다 보면 어린 아이가 민들레를 부는 것처럼 자연스럽고 유쾌해질 것이다. 그러니 펜을 집고 숨을 깊이 들이마신 뒤, 내면의 잡동사니를 바람 속으로 날려 보내라.

내면 정리의 비결

○ 스트레스를 줄여라
✄ 걱정을 떨쳐버려라
✳ 명료함을 되찾아라

CONTENTS

"빈 공간에 은총이 깃든다."

– 존 헤이우드(John Heywood), 영국의 작가

○ 기대를 내려놓아라

이론적으로 생각하면, 기대는 근사한 말처럼 들린다. 완벽한 부모나 배우자, 상사, 친구를 누군들 원하지 않겠는가? 하지만 현실적으로 이런 기대는 온갖 종류의 스트레스를 불러일으킨다. 문제는, 기대가 너무 크다 보니 성취하기가 거의 불가능하다는 것이다.

당신이 스트레스를 느끼는 기대가 있다면 여기에 하나 적어보자. 당신 스스로 품은 기대여도 좋고 다른 사람이나 특정한 환경으로 인해 생겨난 기대여도 괜찮다. 이 기대는 비현실적인가? 만약 그렇다면, 이유가 뭘까? 이 기대가 채워지지 않으면 무슨 일이 벌어질까? 기대를 내려놓으면 어떤 기분이 들까?

"아무것도 기대하지 않는 사람은 운이 좋다.
실망할 일이 결코 없을 테니까."
– 알렉산더 포프(Alexander Pope), 영국의 시인

✳ 한 번에 하나씩

여러 가지 일을 한꺼번에 하면 한 가지 일에도 완전히 집중하지 못한다. 신경이 분산되고 혼란스러워지며 맡은 일을 정확히 수행하기 힘들어진다. 이에 비해, 한 가지 일만 하면 집중해서 명확하게 처리할 수 있다. 그렇게 한 가지 일에만 전력을 다하면 작업 과정이 한결 즐거워지고 더 좋은 결과를 얻는다.

오늘 한 가지에만 몰두한 일이 있다면 여기에 적어보자. 가령, 이메일을 중간중간 확인하지 않고 프로젝트에만 매달렸다거나 전화로 수다를 떨지 않고 아기와 놀아주었거나 TV를 켜지 않고 식사를 준비하는 것이 여기 해당된다. 나중에 이 페이지로 되돌아와서 그런 활동을 하니 어떤 기분이 들었는지 기록하라. 한 가지에만 집중해보니 일이 더 쉽게 느껴졌는가? 더 즐거웠는가? 더 보람 있었는가?

"한 번에 두 가지 일을 하는 것은
아무 일도 하지 않는 것이다."
– 푸블릴리우스 시루스(Publilius Syrus), 고대 로마의 시인

누구에게나 걱정거리가 있다. 직업, 자녀, 건강, 인간관계 등 걱정은 끝이 없다. 하지만 진짜 고민이든 상상으로 만들어낸 고민이든 여기에 너무 깊이 빠져들면 더 희망적인 생각과 일에 사용해야 할 에너지를 소진하게 된다. 걱정을 한다고 해서 우리가 기쁨을 느끼는 것도 무언가를 성취하는 것도 아니다. 즉 걱정거리를 더 많이 씻어낼수록 우리의 삶은 더 나아진다!

어떤 걱정을 마음속에서 떨쳐버리고 싶은가? 걱정거리를 너무 깊이 생각하지 말고 좀 더 유용한 방식으로 그 문제를 다룰 수 있을까? 걱정을 그냥 내려놓는다면 어떤 기분이 들겠는가? 마음이 더 가벼워질까? 더 행복해질까? 더 평온해질까?

"우리는 현실에서보다 상상 속에서 더 많은 고통을 받는다."
— 세네카(Seneca), 고대 로마의 철학자이자 정치가

✳ 천천히, 천천히

언젠가부터 바쁘게 사는 것이 당연하고 일반적인 일처럼 여겨지고 있다. 이런 세상에서, 우리는 언제나 속도를 올려 "모든 일을 끝마치라"고 강요받곤 한다. 하지만 너무 서둘러 움직이다 보면 인생의 중요한 것들을 놓치고 만다. 우리가 급하게 뛰어가는 사이 가족, 친구, 열정, 희망, 그리고 꿈은 희미하게 멀어져간다.

지금, 당신이 속도를 늦출 수 있는 한 가지 방법에 대해 생각해보자. 종종거리며 커피를 들이키지 않고 느긋하게 커피를 마실 수 있을까? 배우자나 자녀와 함께 한가로이 산책을 즐기는 건 어떨까? 문자를 주고받는 대신 친구와 기나긴 수다를 떠는 건? 오늘의 스케줄에서 어떤 항목을 지운다면 여유 시간을 만들 수 있을까?

"서두르는 것만이 인생의 전부는 아니다."
— 마하트마 간디(Mahatma Gandhi), 인도의 사상가이자 정치가

○ 약속을 줄여라

우리는 동시에 모든 일을 할 수도, 모든 사람을 만족시킬수도, 모든 장소에 존재할 수도 없다. 그런데 어떤 사람들은 우리에게 그런 요구를 하기도 한다. 하지만 한 가지 명심할 게 있다. 어떤 물건이든 집안의 공간을 뺏어가는 것처럼 어떤 일이든 우리의 스케줄에서 여유 시간을 앗아간다. 그리고 조금 덜 중요한 일을 거절하면 보다 중요한 활동을 수락할 수 있게 된다.

당신에게 만족감을 주지 않는 약속을 생각해보라. 그 약속이 반드시 필요할까? 어떻게 하면 그 약속을 스케줄에서 지워버릴 수 있을까? 그 약속을 없앤 덕분에 생긴 시간과 에너지를 어떻게 활용할 수 있을까?

"우리 몸을 가장 속박하는 사슬이야말로
우리의 마음을 가장 억압하지 않는다."
— 안네소피 스웨친(Anne-Sophie Swetchine), 러시아의 신비주의자

약속이 너무 많으면 어쩔 수 없이 일을 성의 없게 처리하
는 경우가 많다. 그리고 겉으로는 그 일을 완수한 것처럼
보이더라도 사실은 최선을 다하지 않았기 때문에 마음이
그리 편치 않다.

　　진정으로 최대한의 노력을 기울일 만한 약속을 하나
선택하라. 예컨대, 학부모회의 일원으로 책무를 다하거나
나이 든 친척 어른을 찾아뵐 때 진심으로 그 시간에 몰입
하는 것도 좋다. 어째서 같은 일을 하더라도 최선을 다하
면 더 기쁘고 만족스러울까?

"실행할 가치가 있다는 것은
곧 훌륭히 해낼 가치가 있다는 뜻이다."

− 필립 스탠호프(Philip Stanhope), 제4대 체스터필드 백작

후회는 과거의 일을 뿌리 삼아 피어난다. 그때 그렇게 하지 말 걸 그랬어, 하며 때론 후회하기도 하지만 시간을 거슬러갈 수는 없기에 과거의 행동을 변화시킬 수는 없다. 다만 우리가 할 수 있는 것은 현재의 행동에 집중하고 자신의 가치관과 목표에 맞게 행동을 조정하는 것이다. 그러면 우리는 과거와 화해하고 앞으로 나아갈 수 있다.

　마음속에서 깨끗이 지워버리고 싶은 후회스러운 일을 적어라. 후회를 떨쳐버리기 위해 어떤 방법을 활용하면 좋을까? 잘못을 사과하거나 보상할 수도 있을 테고 잘못된 궤도를 수정해 올바른 길로 들어서려 노력할 수도 있을 것이다. 아니면, 비록 지금은 무언가를 후회하고 있지만 그래도 인생이 잘 흘러왔고 그때 배운 교훈 덕에 성장할 수 있었다고 깨달을지도 모른다.

"바로잡을 수 없는 일은 후회하지도 말아야 한다."
– 새뮤얼 존슨(Samuel Johnson), 영국의 시인

✳ 순간을 향유하라

우리는 별 생각 없이 그저 흘러가는 대로 살아가며, 이 시대가 세상 위에 펼치는 마법과 마술을 즐기는 걸 잊어버릴 때가 너무도 많다. 그렇기 때문에 우리는 더더욱 삶을 단순하고 소박하게 가꾸고 싶어 하는 것이다. 그렇게 하면 현재에 충실하게 살아가고 소중한 순간 하나하나를 향유할 수 있다.

그러면, 지금 당장 시작해보자. 지금 이 순간을 향유하라. 당신이 보고 듣고 냄새 맡고 느끼며 생각하는 것을 글로 적어라(창 너머 햇살이 환히 빛난다, 밖에서는 아이들이 뛰노는 소리가 들린다, 커피 내리는 향이 번져온다…). 이런 행동 습관을 당신의 일상으로 가져와라. 산책을 하든 그저 쓰레기를 내다 놓든 상관없다. 이 세상의 눈부신 아름다움에 마음껏 취하라.

"햇빛 속에서 살고,
바다를 헤엄치며,
야생의 자연이 주는
건강한 공기를 들이마셔라."

– 랄프 왈도 에머슨(Ralph Waldo Emerson), 미국의 시인

○ 의미 없는 활동을 포기하라

도대체 시간을 어디로 흘려보냈는지 전혀 감이 잡히지 않을 때가 있다. 하지만 하루 동안 우리는 이메일을 확인하거나 블로그를 들여다보기도 하고 '재미는 있지만 별 의미 없는', 소위 시간 잡아먹는 각종 귀신에게 사로잡혀 여기서 10분, 저기서 15분 시간을 헛되이 흘려보낸다.

　　당신의 하루에서 비생산적이거나 신경을 분산시키는 일들을 깨끗이 지워버릴 수 있을까? 그런 활동을 완전히 포기하고 싶지 않다면 이용 시간을 제한하거나, 보다 중요한 일에 방해가 되지 않는 시간에(가령 점심시간이나 취침 전처럼) 따로 일정을 잡는 건 어떨까?

"당신은 인생을 사랑하는가? 그렇다면 시간을 낭비하지 마라.
시간이 모여 인생이 이루어지기 때문이다."
– 벤저민 프랭클린(Benjamin Franklin), 미국의 정치인

세상은 대개 시끌벅적한 곳이라, TV·라디오·전화기·컴퓨터는 물론 심지어 자신의 목소리가 만들어내는 소음 속에서 명료하게 생각하기란 좀처럼 쉽지 않다. 반면 침묵은 명료함의 원천이자, 우리가 자신의 생각과 감정을 이해하고 자신이 정말로 어떤 사람인지를 깨닫는 데 도움이 된다.

일상에서는 이런 잡음을 어떻게 줄일 수 있을까(TV를 끌까? 헤드폰을 벗을까? 매일 몇 시간씩 전화기를 무음으로 해둘까?). 세상이 보다 조용해지거든 주변 소리에 세심히 귀를 기울여라. 어떤 소리가 들리는가? 당신의 내면에서 들려오는 소리에 귀를 기울여라. 마음이 들려주는 이야기는 어떤 것인가?

"침묵하자. 그러면
신들이 속삭이는 소리가 들릴 테니."
— 랄프 왈도 에머슨(Ralph Waldo Emerson), 미국의 시인

"진정한 침묵은 마음의 휴식이며, 잠이 육체에게 그러하듯
인간의 영혼을 기름지고 생기 있게 만든다."
— 윌리엄 펜(William Penn), 영국의 신대륙 개척자

가슴 속에 원한을 품고 있으면 상처와 분노, 적대감, 즉 인생의 보다 즐거운 면들을 경험하지 못하게 밀어내거나 방해하는 감정들에 집착하게 된다. 원한은 영원히 아물지 않는 상처가 되어 부당한 사건이 일어난 지 한참 뒤에도 우리에게 고통을 불러일으킨다.

지금 당신이 품고 있는 원한에 대해 생각해보자. 그 원한으로 인해 어떤 기분이 드는가? 이제, 원한과 그것을 둘러싼 온갖 부정적인 감정들을 날려보낸다고 상상해보라. 어깨가 한결 가벼워지는 느낌이 들지 않는가? 용서하고 잊어버리며 앞으로 나아가기 위해 어떤 방법을 활용할 수 있을까?

"실수는 인간의 영역이고 용서는 신의 영역이다."
– 알렉산더 포프(Alexander Pope), 영국의 시인

우리의 삶을 간소하게 가꿀수록 우리가 누리는 평온함도 커진다. 하루에 주어지는 시간은 정해져 있으므로, 사소한 일에 매달리는 시간이 적을수록 중요한 일에 쏟아 부을 시간은 많아진다.

당신의 생활에서 간소화할 수 있는 것 세 가지를 적어보자. 이를 테면 피부 관리 습관이나 온라인 활동, 매일 하는 운동을 예로 들 수 있다. 각각의 활동을 간소화하기 위해서는 어떤 구체적인 방법을 취하면 좋을지 생각해보자. 예컨대, 머드팩을 건너뛰겠다거나 SNS 계정을 탈퇴하는 것 등이다.

"우리의 인생은
사소한 일로 낭비된다
단순, 또 단순하게 가꾸라."

— 헨리 데이비드 소로(Henry David Thoreau), 미국의 시인이자 철학자

○ 무엇이든 계속해야 할 의무는 없다

어떤 프로젝트든 이미 손을 댄 이상 완수해야 하고 어떤 취미든 발을 담갔다면 계속해야 한다는 의무감에서 벗어나라. 아무리 즐거운 마음으로 한다 해도, 너무 많은 여가 활동에 참여하다 보면 어느 하나도 깊이 탐구하거나 완전히 숙달하지 못하므로 결국은 만족감이나 성취감을 거의 느끼지 못한다.

완수하지 못한 프로젝트나 슬슬 물리기 시작한 취미 가운데 포기하고 싶은 것이 무엇인지 이야기하고 그 이유를 자세히 설명해보자. 그 프로젝트나 취미를 완수하고 싶은 열의가 불타오르지 않거든(뜨다 만 스웨터든, 만들다 만 책장이든, 아니면 쓰다 만 소설이든 관계없다) 그만 포기하고 넘어가도 괜찮다.

"당신이 관여하는 일을 백 가지,
천 가지가 아닌 두세 가지로 제한하라."
– 헨리 데이비드 소로(Henry David Threau), 미국의 시인이자 철학자

"많은 것을 시작한 자는 대개 아무것도 끝내지 못한다."
– 이탈리아 속담

여기저기 뛰어다니고 이것저것 하면서 쉴 새 없이 움직이는 사람은 마음챙김, 즉 현재에 충실한 삶을 실천하기 어렵다. 매일매일, 잠시 동안이라도 움직이지 말고 가만히 있어보자. 당신의 신체만이 아니라 생각도 움직이지 않게 붙잡아두자. 끝없이 흐르는 마음의 물줄기를 잔잔하게 진정시켜야만 비로소 마음 깊은 곳을 들여다볼 수 있다.

5분 동안 조금도 움직이지 말고 가만히 있어라. 단 한 점의 근육도 움직이지 않게 하라. 어떤 생각에도 매달리지 마라. 생각이 부글부글 끓어오르면 그대로 흘려보내라. 나중에, 이 훈련을 할 때 어떤 기분이 들었는지 적어라. 그때 떠오른 생각이 무엇이든 그로 인해 깜짝 놀랐는가? 또한 날마다 움직이지 않는 연습을 할 기회가 있다면 어떤 상황에서 가능할지도 생각해보자(버스 안에서? 책상에 앉아서? 은행에 줄 서 있을 때?).

"흙탕물도
가만히 놓아두면
서서히 맑아진다."

— 노자(老子), 중국 춘추시대의 철학자

우리는 누구나 실수를 하고 그래서 때로는 누군가를 실망시킨 듯한 기분을 느낀다. 심지어, 어쩔 수 없는 상황이나 사소하기 짝이 없는 일에 속상해하기도 한다. 하지만 죄책감이 마음을 무겁게 짓누르도록 내버려두지 말고 그 에너지를 돌려 상황을 바로잡는 데 써야 한다.

지금 죄책감을 느끼는 것에 대해 적어라. 당신의 죄책감은 이치에 맞는가? 당신의 정신적 에너지와 정서적 에너지를 당연히 쏟아부어야 할 정도로 심각한 상황인가? 만약 그렇다면, 어떤 식으로 보상할 것인지 생각해보자. 다른 사람에게 용서를 구해야 할까? 자신을 용서해야 할까? 그 밖에 마음의 평화를 되찾기 위해 어떤 방법을 사용할 수 있을까?

"깨끗한 양심만큼 포근한 베개는 없다."
– 프랑스 속담

✳ 절제력을 길러라

소프로시네^{sophrosyne}, 즉 절제는 현재에 충실한 삶을 통해 행복을 얻는다는 고대 그리스의 이상이다. 여기에는 자기 인식(적당한 것이 무엇인지 아는 것)과 자제력(넘치지 않고 적당한 것을 선택하는 것), 조화(적당한 것에서 기쁨을 발견하는 것)가 수반된다. 절제는 그 목표 자체를 위해 더 적게 선택하는 것이 아니라, 절제로 인한 행복을 위해 실천해야 하는 것이다. 또한 절제는 현명하고 적절하며 균형 잡힌 삶을 사는 것이다. 이런 삶은 절제 없이 얻어지지 않기 때문이다.

절제는 디저트를 먹지 않고도 비참한 기분을 느끼지 않는 것이며 건강한 음식을 건강한 비율로 먹는 것이다. 절제는 '유행하니까 꼭 가져야 하는' 물건을 갖지 못해 박탈감을 느끼는 것이 아니라, 지구의 자원을 보호했다는 사실에 즐거워하는 것이다. 절제란 의무라고 생각해 중용을 선택하는 것이 아니라, 그게 옳다고 느끼고 영혼이 즐거워지기 때문에 선택하는 것이다.

당신이 절제를 실천할 수 있는 방법을 세 가지 적어

보자. 금전적 지출 외에 TV나 컴퓨터 사용 시간을 줄이는 것도 좋다. 이런 활동을 '적당'하게 할 줄 안다면 당신의 삶은 어떻게 풍요로워질까?

"진정한 행복은 절제에서 생겨난다."
– 요한 볼프강 폰 괴테(Johann Wolfgang von Goethe), 독일의 시인이자 극작가

O 호들갑을 떨지 마라

솔직히 말해 우리는, 별일 아닌 문제를 가지고 호들갑을 떠는 경향이 조금씩은 있다. 때로는 어쩔 수 없이 과잉반응을 보이거나 과장해서 말하거나 다른 사람의 문제에 괜히 참견하는 경우도 있다. 안타깝게도, 이 지나친 호들갑은 우리의 정신 건강에 실질적인 타격을 입힐 수 있다.

당신의 인생에서 지우고 싶은 유난스러운 호들갑은 무엇인가? 가족의 불화? 직장 동료와의 갈등? 다른 사람들이 하는 말에 지나치게 민감하게 반응하는 것? 이처럼 호들갑을 떨지 않으려면 어떤 방법을 활용할 수 있을까? 더 이상 호들갑을 떨지 않게 된다면 어떤 기분이 들까? (안도감? 평온함? 자유로움?)

"더 이상 다른 사람들의 말과 행동에 간섭하느라
분주하게 지내지 않는다면 우리는 훨씬 더 평온해질 것이다."
– 토마스 아 켐피스(Thomas à Kempis), 독일의 신비주의 사상가

더 많은 돈과 물건, 명예. 더 좋은 자동차와 옷, 지위. 더 엄청난 집과 연봉. 우리는 언제나 이런 목표를 세우고, 여기에 도달하기 위해 진이 빠지도록 애쓰곤 한다. 미니멀리즘은 우리가 이미 충분히 가지고 있으므로 마음을 느긋이 먹고 가진 것을 즐기면 된다는 사실을 깨닫게 한다.

당신이 원하는 더 좋은 것, 당신이 원하는 더 엄청난 것, 그리고 당신이 더 많이 갖고 싶은 것을 적어보자. 그런 목표는 지금처럼 오랜 시간과 돈을 투자하고 엄청난 스트레스를 받을 가치가 있는가? 이미 가지고 있는 것만으로도 그만큼 잘 살고 행복해질 수 있지 않을까?

"만족감은
재산이 많을 때가 아니라
욕심이 적을 때 얻어진다."
— 에픽테투스(Epictetus), 그리스의 철학자

"정원의 몇 송이 꽃과 여섯 점의 그림,
그리고 몇 권의 책이 있으면 나는 아무 부러울 것이 없다."

– 로페 데 베가(Lope de Vega), 스페인의 극작가

비극적인 일을 겪고 어려운 상황에 처하면 슬픔에 젖는 것이 자연스럽고 건강한 일이다. 하지만 슬픔이 제 할 일을 다하고 나서도 감정에 계속 매달린다면 이는 그저 고통의 연장일 뿐이다.

　지금 가슴속에 털어버리고 싶은 슬픔이 있는가? 이 경험을 통해서 무엇을 배웠는지 적어보자. 어떤 햇살이 이 슬픔의 구름을 걷을 수 있을까?

"한 가지 기쁨이 백 가지 슬픔을 이겨낸다."
- 중국 속담

✳ 나를 잘 돌보자

우리는 다른 사람들의 요구 사항을 들어주느라 너무 바빠서 자신을 돌보아야 한다는 사실을 잊어버리거나 무시한다. 하지만 최상의 능력을 발휘하기 위해서는 자신의 신체적, 정신적 건강을 지켜야 한다. 자신을 돌보는 약간의 노력만으로 우리는 균형과 중심을 잃지 않을 뿐더러, 간소한 삶을 꾸릴 수 있다.

자신을 잘 돌보기 위해서는 무엇을 하면 좋을지 생각해 세 가지 정도를 적어보자. 건강한 식사를 하고 산책을 하고 명상을 하며 욕조에 몸을 담그는 데에는 시간이 걸릴 것이다. 스케줄을 어떻게 조정하고 정리해야 우리 자신을 돌볼 시간을 낼 수 있을까?

"휴식을 취하라.
들판도 휴식을 취해야
풍성한 결실을 거두는 법이니."
– 오비디우스(Ovidius), 고대 로마의 시인

○ 목표는 달라져도 괜찮다

목표는 종종 훌륭한 동기 요인이 된다. 하지만 목표가 달라지고 진화하는 것을 허용하지 않으면 그로 인해 스트레스와 탈진, 극도의 피로감이 생기기도 한다. 목표를 엄격히 고수하지 말고, 계절의 변화에 따라 피어났다 시드는 들꽃으로 간주하라. 작년에 세운 목표는 이제 별 의미가 없다. 목표를 억지로 꽃피우려 하지 말고 자연히 결실이 맺도록 내버려두면 그 자리에서 솟아나는 새로운 열매를 품에 안을 수 있다.

　더 이상 당신의 마음을 흔들지 못하는 목표는 어떤 것들인가? 그 목표가 기쁨이나 자아 발견보다는 스트레스나 좌절을 안겨주는가? 혹시 보다 고무적인 활동에 쓰이면 좋을 법한 에너지와 역량을 앗아가지는 않는가? 그 목표를 내려놓으면 어떤 기분이 들까?

"모든 변화는 달콤하다."
— 아리스토텔레스(Aristoteles), 고대 그리스의 철학자

목표가 너무 많다는 말은 대개 발전이 거의 없다는 뜻이다. 우리는 중요한 목표들을 확인해서 한눈팔지 말고 거기에 매진할 필요가 있다. 우리가 선택한 소수의 목표에 역량과 에너지를 쏟아붓는다면 목표를 달성할 가능성이 한결 높아진다.

　　당신이 전력을 기울일 목표를 한 가지 적어보자. 그 목표를 세분해서 실천하기 쉬운 작은 단계들로 만들 수 있겠는가? 어떤 단계로 진행 과정을 추적할 수 있을까?

"멈추지 않고 한 가지 목표에
매진하는 것.
그것이 성공의 비결이다."

– 안나 파블로바(Anna Pavlova), 러시아의 발레리나

실망을 곱씹지 마라

인생은 실망으로 가득하다. 하지만 우리가 어떻게 대처하는가에 따라 모든 것이 달라진다. 실망감을 마치 자신의 뜻대로 되지 않은 일의 기념품처럼 간주해서는 안 된다. 아무리 곱씹어 본들 달라질 건 하나도 없을 테니까. 실망감을 던져버리고 보다 긍정적인 결과를 집중적으로 생각하라.

깨끗이 정리하고 싶은 실망스러운 일을 한 가지 적어보자. 어째서 상황이 당신의 바람대로 풀리지 않았을까? 이 허탈한 상황에서 한 가지 희망을 찾아낼 수 있겠는가?

"침착하게 마음의 준비를 잘 한다면
어떤 실망스러운 상황에서도 보상을 발견할 수 있을 것이다."
-헨리 데이비드 소로(Henry David Threau), 미국의 시인이자 철학자

우리는 누구나 특별한 재능이나 남보다 빼어난 점을 지니고 있다. 춤, 요리, 글쓰기, 듣기, 그림, 프로그래밍, 자녀 양육 등 무엇이든 좋다. 각자의 인생에서 쓸데없이 많은 걱정을 깨끗이 걷어내고 나면 자신의 장점을 발견할 시간과 명료함이 생긴다.

이곳에 소개된 내용을 이용해 각자의 장점을 탐구하자. 무엇을 하고 싶은가? 스스로 "소질이 있다"고 입버릇처럼 말해온 것은 무엇인가? 어떤 활동을 할 때 당신의 가슴이 설레고 영혼이 활기를 띠는가? 일단 장점을 발견하였다면, 이를 한층 더 발전시키기 위해 무엇을 할 수 있을까?

"무슨 일을 하든
최선을 다해 해내라."
– 윌리엄 메이크피스 새커리(William Makepeace Thackeray), 영국의 소설가

당신이 생각하기에, 어떤 목표를 성취하지 못하게 방해하는 것은 무엇인가? 당신의 삶에서 제약처럼 느껴지는 것은 무엇인가?

그 제약을 여기에 적고 브레인스토밍을 통해 몇 가지 극복 방법을 토의하자. 예컨대 시간 부족이 문제라면, 어떻게 스케줄을 다시 조정해 하루에 한 시간씩 자유 시간을 만들 것인지 생각해보자. 공간 부족이 문제라면, 어떻게 집안에 전용 공간을 만들어낼 수 있을지 생각하라. 자신감 부족이 문제라면, 당신의 성공을 가능하게 하는 재능과 기술을 적어보자. 혹은 어떻게 해야 그러한 능력들을 얻을 수 있을지 써보자.

"장애물이 크면 클수록, 극복한 뒤에 얻는 영광도 큰 법이다."

—몰리에르(Molière), 프랑스의 극작가

✳ 실패에서 배워라

우리는 누구나 나름대로 실패를 경험한다. 하지만 실패가
삶에서 어떤 역할을 하는지는 저마다의 인식에 달려 있다.
우리가 실패를 짐이 아니라 교훈으로 생각한다면, 실패는
우리를 성공으로 이끄는 중요한 디딤돌이 될 수도 있다.
실패를 둘러싼 감정들을 떨쳐버린다면, 자연히 그 실패가
우리를 올바른 방향으로 인도할 것이다.

　　당신이 경험한 실패 한 가지를 적어보자. 이 경험에
서 얻은 가장 중요한 교훈은 무엇이며 어떻게 이 경험을
이용해 앞으로 나아가겠는가?

"모든 실패는
성공으로 가는 발걸음이다."

– 윌리엄 휴얼(William Whewell), 영국의 과학자이자 철학자

🌿 욕망을 버려라

부처의 가르침에 따르면, 욕망은 모든 고통의 근원이다. 욕망을 이루지 못하면 불행하다고 느끼기 때문이다. 심지어 욕망을 실현하고 나면 새로운 욕망들이 생겨나 영원히 만족하지 못하게 된다. 우리는 무언가를 원하는 마음에 사로잡혀 그것을 손에 넣기 전에는 편히 쉬지 못한다. 마침내 원하던 바가 이루어지면 또다시 무언가를 갈망하기 시작하는 쳇바퀴에 빠진다. 하지만 반대로, 욕망을 깨끗이 지우고 나면 평화를 얻을 수 있다.

당신은 어떤 욕망을 떨쳐버리고 싶은가? 새 옷을 한 벌 사고 싶은 욕구처럼 단순한 것일 수도 있고 명성이나 행운처럼 고상한 것일 수도 있다. 욕망이 없어도 당신의 삶은 여느 때와 똑같이 잘 흘러갈까? 욕망을 버리면 어떤 기분이 들까? (편안해질까? 안도감이 들까? 아무렇지도 않을까?)

"내가 원하지 않는 것이 얼마나 많은지."
– 소크라테스(Socrates), 그리스의 철학자

나비는 아무것도 소유하지 않은 채 평생을 우아하게 날아
다닌다. 과거를 애타게 그리지도, 미래에 마음 졸이지도
않으며 전적으로 현재에 충실히 살아간다. 자연과 조화를
이루고 그 아름다움으로 다른 존재에게 영감을 준다.

　　당신이 나비처럼 가볍고 우아하며 아름답게 살 수 있
는 몇 가지 방법을 적어보자. 어떻게 하면 현재에 충실하
게 살 수 있을까? 어떻게 당신의 짐을 가볍게 할 수 있을
까? 어떻게 보다 침착하고 우아하며 친절하게 말하고 행
동할 수 있을까?

"우아함이란
내적인 조화의 결과이다."
— 마리 에브너에셴바흐(Marie Ebner-Eschenbach), 독일의 문학가

우리는 인간관계에 많은 것을 투자하고 그렇기 때문에 거기에 매달리는 경향이 있다. 심지어 관계가 좋게 진행되지 않아도 마찬가지다. 어떤 관계는 그저 보람이 없고 어떤 관계는 해롭기 짝이 없다. 요점은, 인간관계가 서로에게 도움이 되지 않는다면 두 사람의 인생에서 귀중한 시간과 에너지를 앗아가는 것이다.

　　당신이 헤어지고 싶은 지인이나 친구, 연인에게 보내는 이별의 편지를 여기 적어보자. 물론 편지를 꼭 부치라는 뜻은 아니다. 다만 감정을 종이에 적으면 그들과 마음으로나마 헤어지는 데 도움이 될 것이다.

"나쁜 인간관계를 지속하는 것보다는
차라리 혼자 있는 편이 낫다."
– 이탈리아 속담

우리의 시간은 소중하기에, 가장 귀한 사람들에게 쓰는 것이 바람직하다. 만족스럽지 않은 인간관계에서 벗어나면 소중히 여기는 인간관계를 지켜나갈 시간과 에너지가 많아진다.

당신이 집중하고 싶은 인간관계를 적어보자. 이 관계는 당신의 삶을 어떻게 풍요롭게 만들어주는가? 이 사람의 어떤 점을 사랑하는가? 그 사람에게 더 주의를 기울이고 유대감을 돈독히 할 방법은 무엇일까?

"친구를 얻는 유일한 방법은
친구가 되는 것이다."

– 랄프 왈도 에머슨(Ralph Waldo Emerson), 미국의 시인

🔪 분노를 떨쳐버려라

분노는 우리가 어떤 사람이나 상황 혹은 사회적 문제와 관련된 부당한 일을 겪을 때 보이는 자연스러운 반응이다. 하지만 분노를 계속 품고 있으면 우리의 정신과 신체에 부정적인 영향이 미친다. 생각이 흐려지고 비참한 기분이 들 뿐 아니라 두통과 심장병, 고혈압, 소화기 장애까지 생길 수 있다.

혹시 당신의 피를 솟구치게 만드는 것이 있는가? 당신이 그토록 화가 난 이유가 무엇인지 정확히 적어보자. 이 상황을 해결하기 위해 당신이 취할 수 있는 조치가 있을까? 별다른 방법이 없다면, 분노를 어디론가 긍정적인 방향으로 돌릴 수 있을까? 가령, 시를 쓴다든가 자원봉사 등 좋은 일을 하면 어떨까?

"잠자리에 들기 전에는 반드시 분노를 잊어야 한다."
— **토마스 드 퀸시(Thomas de Quincey), 영국의 소설가**

✳ 무상함을 받아들여라

무상^{無常}이란 선종의 중심 교의로, '덧없음'을 의미한다. 즉, 모든 것이 시시각각 변화하고 어떤 것도 예전의 모습을 그대로 유지하지 못한다는 말이다. 그렇다면 어째서 이 개념이 미니멀리스트의 여정에 중요할까? 어느 것도 영원하지 않다는 것을 이해하면 사람과 소유물에, 과거와 현재의 상황에 더 이상 집착하지 않기 때문이다. 무상함을 받아들이면 우리는 내려놓을 줄 알게 된다.

당신의 인생에서 무상함을 받아들일 수 있는 세 가지 방법을 적어보자(예를 들어, 젊음에 집착하기 보다는 우아하게 나이 들어가기로 마음먹기, 자녀를 언제까지고 어린아이로만 여기지 말고 점차 자립심이 강해진다는 사실을 받아들이기, 혹은 낡은 생각만 고집하지 말고 새로운 생각에 마음을 열어두기 등). 더 이상 통제하려 하지 말고 자연스러운 흐름에 몸을 맡기고 상황이 저절로 발전하게 내버려둔다면 어떤 기분이 들까?

"세상 일이
그대가 바라는 대로 일어나기를
바라지 말고 오히려
지금 그대로 일어나기를 소망하라.
그러면 평온한 삶을 살 것이다."

– 에픽테투스(Epictetus), 그리스의 철학자

○ 나쁜 습관을 버려라

나쁜 습관은 우리의 마음을 어지럽히는 것 중에서도 유난히 떼어내기 어렵다. 나쁜 습관들은 물건처럼 상자에 담아 집 밖에 내다놓을 수도 없고 심지어 밖으로 쫓아낸 뒤에도 되돌아오는 경우가 많다.

바로 그럴 때 이 책이 도움이 된다. 흡연이나 손톱 물어뜯기, TV 과다 시청 같은 나쁜 습관 한 가지를 뿌리뽑기 위해 여기서 서면 약속을 하자. 나쁜 습관을 대신해 친구와 전화 통화를 한다거나 운동 삼아 달리기를 하는 등, 스트레스를 해소할 다른 활동을 할 수 있겠는가? 매일 혹은 매주 여기로 되돌아와 각자의 목표를 스스로 떠올리고 진척 상황을 기록하라. 또한 자신에게 관대해지라. 한 번의 노력으로 습관을 고칠 수 있는 경우는 거의 없으니까.

"습관은 최고의 하인이거나 최악의 주인이다."
— 너새니얼 에몬스(Nathaniel Emmons), 미국의 신학자

✳ 좋은 습관은 지속하라

한 가지 좋은 습관을 기르면 인생이 크게 달라질 수 있을까? 좋은 습관은 파급 효과를 불러일으키는, 다시 말해 인생의 한 부분을 개선하면 종종 그 여파가 다른 부분에도 영향을 미치는 기분 좋은 요소가 있다. 예를 들어, 당신이 날마다 걷거나 뛰기로 결심했다고 하자. 이런 신체 활동을 하면 식생활을 건강하게 개선하겠다는 마음이 생기고 그로 인해 스트레스가 줄어들며 결과적으로 인내심이 길러지는 식으로 긍정적 파급 효과가 계속 생긴다.

어떤 좋은 습관을 몸에 익히고 싶은지, 그러기 위해 생활 속에서 어떤 조치를 취할 것인지 글로 적어보자. 진척 상황을 기록하고 매주 상태를 점검하자.

"습관은 성격을 만들고
성격은 운명을 결정한다."
– 조셉 케인즈(Joseph Kaines), 영국의 실증주의자

부정적인 판단을 버려라

우리는 사물이나 상황 혹은 사람을 판단할 때 습관적으로 마음에 부당한 짐을 지우고 행복에 불필요한 제약을 가한다. 당신이 어느 저녁 파티에 초대되어, 싫어하는 사람 옆에 앉아서 싫어하는 음식을 대접받는다고 상상해보자. 얼마나 비참한 기분이 들겠는가. 하지만 그 음식과 사람도 알고보면 좋은 구석이 많을 것이라고 생각을 고쳐먹으면 저녁 시간이 훨씬 더 즐거워질 것이다. 우리 인생도 마찬가지다.

당신이 싫어하는 것을 적어보자. 그런 다음, 부정적인 의견을 긍정적인 의견으로 바꾸자(가령 "방울양배추는 영양이 풍부해" 혹은 "사장님은 해마다 자선 모금 운동을 해"). 어떤 대상에서도 좋은 점을 발견하는 것은 평온하고 행복한 삶으로 나아가는 중요한 발걸음이다.

"세상에는 좋은 것도 나쁜 것도 없다.
그저 생각하기에 달려 있다."
- 윌리엄 셰익스피어(William Shakespeare), 영국의 시인이자 극작가

✳ 하이쿠 같은 삶을 살아라

하이쿠(俳句)는 17개의 음절만으로 이루어진, 대단히 간결한 일본의 정형시다. 많은 의미를 담아내면서도 불필요한 것은 하나도 포함하지 않은, 우아함과 경제성을 보여주는 훌륭한 예다. 하이쿠를 지을 때 쓰이는 단어 하나하나는 모두 소중하며 극도로 세심히 선택된것들이다.

그러면 어떻게 하이쿠 같은 삶을 살 수 있을까? 다시 말해, 어떻게 하면 하이쿠를 지을 때와 마찬가지로 당신이 뱉는 단어와 참여하는 활동 혹은 소유한 물건에도 '간결할수록 좋다less is more'는 철학을 입힐 수 있을까? 삶의 어떤 부분에서 양보다 질을 선택할 수 있을까?

"형식미, 조화, 우아함,
그리고 좋은 리듬을
결정하는 것은 단순함이다."
– 플라톤(Plato), 그리스의 철학자

"성격, 태도, 스타일, 그 어떤 것에서도
최고의 미덕은 단순함이다."
– 헨리 워즈워스 롱펠로(Henry Wadsworth Longfellow), 미국의 시인

해야 할 일을 적은 목록은 서랍이나 옷장처럼 너무 과하
게 채워지기 쉽다. 그러므로 이따금 잡동사니를 정리해야
만 한다. 잘 검토해 보면, 보상은 너무 적은데 노력이 너
무 많이 들어가는 일들이 있을 것이다. 그런 일을 하느라
너무 애쓰지 말고 그대로 방치하는 데에서 기쁨을 느껴
라.

　　할 일 목록에서 어떤 항목을 그냥 팽개칠 수 있을까?
그 일을 마무리 짓지 않는다고 지구가 멈추기라도 하겠는
가? 그 덕분에 새로 생겨난 시간을 어떻게 보내야 즐거울
까(소설을 읽을까? 낮잠을 잘까? 아이와 놀아줄까?).

"우리가 말하거나 행동하는 것은 대부분 불필요하다."
— 마르쿠스 아우렐리우스(Marcus Aurelius), 고대 로마의 제16대 황제

✳ 한 가지 일에 집중하라

한 번에 여러 가지 일을 하다 보면 중간에 그만두게 되는 경우가 태반이다. 이것저것 두서없이 번갈아 하지 말고 한 번에 한 가지 일을 완벽히 마무리 지어라. 한 가지 일에 집중하고 그 일을 완성한 뒤에 목록에서 지워라.

　　해야 할 일들 가운데 어느 것에 집중할 수 있겠는가? 일을 마무리 짓기 위해서는 어디에 한눈을 팔면 안 될까? 당신이 전력을 다한다면 이 일이 어떻게 느껴지겠는가? 이 작업에 착수하는 가장 효과적이고 편리한 방법은 무엇인가?

"눈앞에 닥친 일에
모든 생각을 집중하라.
햇빛은 초점이 정확히 맞추어져야
비로소 불꽃을 일으킨다."

– 알렉산더 그레이엄 벨(Alexander Graham Bell), 미국의 발명가

어둠, 치과의사, 높은 곳, 세균, 비행, 실패 등 두려움은 우리의 자유를 앗아가고 인생을 온전히 경험하지 못하게 방해한다. 두려움을 깨끗이 털어버리기 위해서는 그것을 직면하여 분석한 뒤에 적절한 조치를 취하는 등 어느 정도의 노력이 반드시 필요하지만 수고할 만한 가치는 충분하다. 두려움의 족쇄에서 벗어나면 우리의 잠재력을 온전히 발휘하며 살아갈 수 있다.

　　당신이 극복하고 싶은 두려움을 한 가지 적어보자. 그 두려움을 떨치기 위해 어떤 조치를 취할 수 있을까(예를 들어, 비행이 두렵다면 책을 읽거나 공포증을 정복하는 방법에 관한 강습을 받아도 좋다. 공개 석상에서 이야기하기가 두렵다면 커뮤니케이션 연습과 리더십 개발을 위한 모임에 참가해보자). 두려움이 사라지고 나면 어떤 기회들이 열릴까?

"두려워하는 일을 항상 시도하라."
— 랄프 왈도 에머슨(Ralph waldo Emerson), 미국의 시인

✳ '라곰'의 상태를 유지하라

스웨덴에는 '넘치지 않고 딱 알맞은 양'이라는 뜻을 가진 사랑스러운 단어, 라곰^{lagom}이 있다. 라곰은 너무 많음과 너무 적음 사이에서 완벽한 균형을 이룬 것으로, 그야말로 적당하게 소유한 가장 이상적인 상태다.

당신의 삶에서 라곰의 상태를 이룰 수 있는 방법들을 적어보자. 예컨대, 좋아하는 책 몇 권을 선반에 꽂아두면 이는 책장이 터져 나가거나 텅텅 비워두는 것보다 라곰에 더 어울린다. 만족스러운 활동 몇 가지로 채워진 스케줄은 온갖 활동으로 빼곡하거나 아무 일도 하지 않는 상황보다 라곰에 훨씬 가깝다.

"단순함이란
딱 알맞은 양의 짐을 가지고
삶의 여정을 걸어가는 것이다."
—찰스 더들리 워너(Charles Dudley Warner), 미국의 수필가

과식, 과음, 지나친 쇼핑, 달리 말해 무절제하게 행동하면 우리의 삶은 균형이 깨지고 정도를 넘어서게 된다. 예컨대, 몸무게가 지나치게 늘어나거나 물건이 지나치게 많아지면 다른 여러 가지 문제들이 생겨난다. 이에 비해, 절제할 줄 안다면 그런 행동을 즐기면서도 장기적인 행복을 유지할 수 있다.

당신이 평소에 무절제하게 탐닉하는 것을 하나 적어보자. 어떻게 하면 그것을 적절히 즐길 수 있을까? 예를 들면, 음식을 한 그릇 더 먹지 않고 와인은 한 잔만 마시며 충동적인 구매를 자제하는 것 등이다.

"연회에서나 인생에서나 목이 마르지도
과음을 하지도 않은 상태로 떠나는 것이 최선이다."
– 아리스토텔레스(Aristoteles), 고대 그리스의 철학자

✳ 깨끗이 치워라

일본에는 해마다 새해를 맞이해 가정과 일터를 대청소하는 의식(大掃除, 오소지)이 있다. 물리적으로도 상징적으로도 잡동사니를 깨끗이 치워 공간을 정화하고 새로운 출발이 가능하도록 준비하는 것이다.

당신의 인생에서 깨끗이 청소하면 좋을 부분들은 무엇인지 적어보자. 옷장, 서류함, 스케줄, 걱정거리 등……. 그리고 그 먼지와 부스러기를 어떻게 치울지 생각해보자.

"사람의 품성은
항상 밝아야 할 뿐 아니라
단정하기도 해야 한다."

– 필립 스탠호프(Philip Stanhope), 제4대 체스터필드 백작

행복은 다른 사람이 가진 것이 아니라 자신이 가진 것을 원하는 데 있다. 마음에서 시기심을 없애는 가장 좋은 방법은 각자의 인생에서 풍요로움을 인정하고 감사하는 것이다.

당신이 던져버리고 싶은 질투심을 하나 적어보자. 그 질투심으로 인해 어떤 기분이 드는가? 이제 상황을 바꿔, 당신이 고맙게 생각하는 것 세 가지를 적어보자. 예컨대, 때때로 나는 여동생의 커다란 새 집에 질투심을 느낀다. 하지만 나의 집과 다정한 이웃, 근사한 가족에게 또한 고마움을 느낀다. 당신이 이미 대단히 축복받은 사람이라는 걸 알겠는가?

"감사한 마음은 기쁨이 번창할 수 있는 토양이다."
— 베르톨트 아우어바흐(Berthold Auerbach), 독일의 소설가

✳ 평범함 속에서 깨달음을 찾아라

당신의 인생이 별로 근사하지 않다는 기분이 들 때마다, '선^{禪, Zen}이란 땔감을 베고 물을 긷는 것'이라는 말을 기억하라. 이 말은, 진정한 깨달음이란 저녁을 짓고 설거지를 하고 고지서를 지불하며 아이들과 놀아주는 것처럼 일상적인 활동에서 찾을 수 있다는 뜻이다. 만약 이런 평범해 보이는 활동에서 마음챙김을 실천한다면 우리의 삶은 만족스럽고 평온해질 것이다.

당신에게 '땔감을 베고 물을 긷는' 활동은 어떤 것들인가? 어떻게 하면 이런 활동들을 새롭게 인식하고 여기에 감사할 줄 알게 될까?

"인생에서 가장 소중한 것들은
가장 가까이에 있다.
코로 들이마시는 숨,
눈 속의 광채, 발아래 핀 꽃들,
당면한 임무,
바로 눈앞에 놓인 길.
그러므로 별을 붙잡으려 하지 말고
그날그날의 소임과 양식이야말로
인생에서 가장 달콤한 것이라고 확신한 채
평범한 일상의 의무를
그때그때 실천하라."

–로버트 루이스 스티븐슨(Robert Louis Stevenson), 영국의 소설가

● 환상의 자아를 놓아주어라

우리는 물건이나 약속 혹은 감정에 매달리고 의지하는 경우가 너무 많다. 그것들은 실제가 아니라 우리가 바람직하다고 생각하는 모습을 대변하기 때문이다. 우리가 품은 환상의 자아는 모습이 여러 가지인데, 때로는 다른 사람들에게 깊은 인상을 심어주기 위한 의도적인 것이고, 때로는 우리가 걸어온 과거의 유물이며, 때로는 우리가 기대하는 미래에 대한 환상이다. 어느 경우든, 환상의 자아는 마치 자석처럼 잡동사니 물건과 어지러운 감정들을 끌어당기며 우리가 진실한 삶을 살아가지 못하게 방해한다.

당신이 그린 환상의 자아가 무엇인지 확인하라. 환상의 자아는 당신의 실제 모습과 어떻게 다른가? 가령, 당신은 사교계 명사 같은 옷장을 가지고 있지만 실제로는 옷을 잘 차려입는 경우가 거의 없다. 차고에는 스포츠 용품을 잔뜩 쌓아두었지만 실제로는 TV 스포츠 중계를 더 좋아할 수도 있다. 이제 당신의 실제 자아가 어떤 모습인지 확인하라. 어떻게 하면 이 실제 자아와 그 희망, 가치관, 꿈에 더 집중할 수 있을까?

"무엇보다도, 네 자신에게 충실하라."
— 윌리엄 셰익스피어(William Shakespeare), 영국의 시인이자 극작가

열정은 우리에게 목적을 심어주고 목적은 삶에 의미를 부여한다. 그것이 바로 이 어지러운 마음을 정리하는 작업의 핵심이다. 정신을 산만하게 만드는 것을 깨끗이 치우고 우리의 영혼을 진정으로 흥분시키는 게 무엇인지 발견하라는 말이다.

　당신이 엄청난 열정을 느끼는 것은 무엇이며, 그것을 일상생활 안에 어떻게 녹여낼 수 있을까? 동물에 관심이 많다면 동물보호소에서 자원봉사를 하면 어떨까? 글쓰기에 관심이 많다면 블로그나 소설에 도전해도 좋지 않을까? 인권에 관심이 많다면 온라인 캠페인을 시작할 수 있지 않을까?

"자신의 꿈을 향해
확신을 갖고 나아가며
지금껏 상상하던 삶을 살기 위해
노력한다면
예기치 못한 성공을 이룰 것이다."

– 헨리 데이비드 소로(Henry David Thoreau), 미국의 시인이자 철학자

불안감은 잡동사니 보관 서랍에 넣어둔, 잉크가 말라버린 펜처럼 아무 쓸모가 없다. 그러므로 무자비하게 그리고 추호의 후회도 없이 불안감을 깨끗이 떨쳐내라. 자기 불신과 작별하고 당신의 자신 있고 능력 있는 모습에 집중하라.

무엇에 관한 불안감을 떨쳐버릴 것인가? 애초에 그 불안감은 어떻게 머릿속에 슬그머니 들어왔을까? 불안감에게 작별을 고하는 편지를 여기에 적고, 그 글을 읽을 때마다 당신이 원하는 것은 무엇이든 완벽하게 성취할 수 있다는 사실을 떠올리자.

"자신감은 큰일을 하기 위한 첫 번째 요건이다."
– 새뮤얼 존슨(Samuel Johnson), 영국의 시인

✳ 성공을 다시 정의하라

우리는 성공을 물질적 풍요나 다른 인위적인 기준과 동일시할 때가 많다. 하지만 사회에서 제시하는 성공의 정의를 받아들이지 말고 자기만의 정의를 내려라. 아이를 행복하게 기르거나 직장에서 탁월한 능력을 보이거나 다른 사람들의 삶을 개선시키는 것이야말로 훨씬 더 성취하기 쉽고 만족스러운 성공 측정 방법이다.

놓아버릴 수 있는 잘못된 성공의 표지는 무엇인가? (큰 집? 명품 자동차? 고급 사무실?) 당신은 개인적으로 성공을 어떻게 정의하는가? 당신이 이미 성공하는 데 활용하고 있는 방법을 몇 가지 적어보자. 그 밖에, 성공하기 위해 어떤 방법을 활용할 수 있을까?

"기쁨은
사물 안이 아니라
우리 안에 존재한다."
– 샤를 와그너(Charles Wagner), 프랑스의 목사

○ 완벽을 포기하라

우리가 하는 일의 99퍼센트는 완벽할 필요가 없고 완벽하리라 기대하지도 않으며, 설사 완벽하다 한들 누구도 알아차리지 못하고 인정하지 않은 채 넘어가기 십상이다. '만족스러운' 수준이 실제로도 대부분 만족스럽다는 사실을 받아들이면 대수롭지 않은 문제에 빠져 허우적거릴 일이 없을 뿐더러, 일을 보다 효율적이고 생산적이며 즐겁게 마무리 지을 수 있다.

프랑스의 작곡가 클로드 드뷔시^{Claude Debussy}는 이렇게 말했다. "음악이란 음표 사이의 공간이다." 우리의 인생도 이와 똑같이 표현할 수 있다. 집이든 마음이든 정신이든, 잡동사니를 너무 많이 쌓아두면 삶이 혼란스럽고 조화를 이루지 못한다. 즉 조화로운 삶을 꾸려가며 인생이라는 자기만의 교향곡을 작곡하기 위해서는, 어느 정도의 공간이 필요하다.

어떤 잡동사니에 묻혀 당신의 음악 소리가 들리지 않는가? 어떻게 해야 음표(소유물, 약속, 감정) 사이에 빈 공간을 두고 더욱 아름다운 멜로디를 창조할 수 있을까?

"적은 것에 만족하며 사는 것⋯
이것이 나의 교향곡이다."

– 윌리엄 헨리 채닝(William Henry Channing), 미국의 초월주의자

한 해의 마지막 날, 일본의 절에서는 자정에 종을 108번 울리는 '제야의 종' 의식을 치른다. 불교도들은 인간에게 고통을 불러일으키는 108가지 '번뇌(부정적인 생각)'가 있으므로 종을 치면서 모든 번뇌를 하나씩 쫓아버릴 수 있다고 믿는다. 예를 들면, 첫 번째 종을 치며 욕심에 안녕을 고한다. 두 번째 종을 치며 질투심에 안녕을 고한다. 세 번째 종을 치며 허영심에 안녕을 고한다.

108번의 종소리가 울리는 것을 상상하고 당신이 쫓아버리고 싶은 부정적인 생각이 무엇인지 적어보자. 그 자리에 어떤 긍정적인 생각을 심을 수 있겠는가?

"나의 영혼은 맑고 감미로우며,
나의 영혼이 아닌 것도 모두 맑고 향기롭구나."
-월트 휘트먼(Walt Whitman), 미국의 시인

✳ 가볍게 살아라

걱정과 스트레스를 날려 보내고 불필요한 물건들을 처리하면 우리의 존재는 경이로울 정도로 가벼워질 것이다. 어떤 것도 우리를 저지하지 못하고 어떤 것도 우리를 무겁게 짓누르지 못한다. 우리는 보다 쉽고, 보다 평온하며, 보다 즐겁게 삶을 부유할 수 있다.

이 페이지에는 당신의 인생에서 여전히 무겁게 느껴지는 것을 적어보자. 물건, 야망, 책임, 감정, 어느 것이든 좋다. 그 무게를 훌훌 털어내기 위해 어떤 조치를 취할 수 있을까? 보다 가볍게 살아간다면 당신의 인생은 어떻게 달라질까?

"그녀는 자유를 느끼고 나서야
비로소 그 짐이 얼마나 무거웠는지
알게 되었다."

−너새니얼 호손(Nathaniel Hawthorne), 미국의 소설가

KI신서 6871

단순함의 즐거움
_마음정리 노트

1판 1쇄 인쇄 2017년 1월 2일
1판 1쇄 발행 2017년 1월 10일

지은이 프랜신 제이 **옮긴이** 신예경
펴낸이 김영곤 **펴낸곳** (주)북이십일 21세기북스
해외사업본부 간자와 다카히로 황인화 이태화
해외마케팅팀 류승은 염지예 **디자인** 박선향
해외기획팀 박진희 임세은 채윤지
영업본부장 신우섭
출판영업팀장 이경희 **출판영업팀** 이은혜 권오권
프로모션팀장 김한성 **프로모션팀** 최성환 김선영 정지은
제작팀장 이영민 **홍보팀장** 이혜연

출판등록 2000년 5월 6일 제406-2003-061호
주소 (10881) 경기도 파주시 회동길 201(문발동)
대표전화 031-955-2100 **팩스** 031-955-2151 **이메일** book21@book21.co.kr

ISBN 978-89-509-6871-7 03190
책값은 뒤표지에 있습니다.

(주)북이십일 경계를 허무는 콘텐츠 리더

21세기북스 채널에서 도서 정보와 다양한 영상자료, 이벤트를 만나세요!
가수 요조, 김관 기자가 진행하는 팟캐스트 '[북팟21] 이게 뭐라고'
페이스북 facebook.com/21cbooks   블로그 b.book21.com
인스타그램 instagram.com/21cbooks   홈페이지 www.book21.com

ⓒ Francine Jay, 2017